MARCOS RAMON DA SILV

O FUTURO COM PYTHON
Para crianças de 12 a 17 anos

APRENDIZAGEM RELEVANTE PARA CARREIRAS STEM

STEM é o acrônimo de Science, Technology, Engineering, and Mathematics — ou seja, ciência, tecnologia, engenharia e matemática. Portanto, as carreiras STEM são todas aquelas que contemplam habilidades e saberes em qualquer uma dessas disciplinas. Além dessas, estão surgindo novas profissões que abarcam o que é STEM e que têm relação direta com processamento de dados (big data), cibersegurança, realidade virtual e aumentada, Internet das Coisas (IoT), bioinformática, ciência dos alimentos, ciências ambientais, astronomia entre outras.

Edição 1

Este livro deve ser utilizado por pais ou tutores de homeschooling, juntamente com seus alunos, como introdução de assuntos ligados as áreas de tecnologia da informação e data Science.

Buscai o Senhor Deus enquanto é possível achá-lo, invocai-o enquanto está perto! (Isaias 55:6)

Sumário

PREFÁCIO 3

   Palavras aos Pais & Tutores: 3

MODULO 01 5

PROGRAMAÇÃO DE COMPUTADORES 5

   1.1 O que é Programação 5

   1.2 Aprendendo a Programar 5

   1.3 Linguagens e seus propósitos 7

   1.4. A Ferramenta Python..10

   1.5. O que você pode fazer com o Python.....................11

   1.6. História do Python 14

   1.7. O Python e a Gamificação.....................................15

   1.8. Como é a Interface do Python 17

   1.9. Como usar o Python...20

MODULO 02 24

CONHECENDO O PYTHON 24

   2.1 O que é Criação Computacional..............................24

   2.2. + Sobre os Editores de Python 25

   2.3. Google Colab para Python.....................................30

   2.4. Pensamento Computacional:..................................34

   2.5. Possibilidades reais para o Python........................37

MODULO 03 39

GOOGLE COLAB COM O PYTHON 39

3.1. Configurando o ambiente para o Python 39

3.2. Google Colab...39

3.3. Configurando o Colab no seu computador 45

3.4 Testando o ambiente do Colab..............................49

MODULO 04 ....**53**

ROADMAP & SYLLABUS...**53**

4.1 Roadmap 53

4.2. Tópicos para aprender Python...............................61

4.3. Básico 61

4.4. Intermediário...71

4.5. Avançado..82

MODULO 05 ....**93**

PROGRAMANDO COM O PYTHON...............................**93**

5.1 Relógio Analógico...93

5.2 Figura de Lissajous...106

5.3 Cálculo da perda de energia em C.A.......................114

5.4 Gráfico de Gantt 120

Conclusão..**127**

PREFÁCIO

Palavras aos Pais & Tutores:

A tecnologia tem transformado profundamente o mundo em que vivemos, e poucas áreas refletem essa mudança de maneira tão clara quanto a programação. No centro desta revolução digital, a Linguagem Python se destaca como uma das mais influentes e versáteis ferramentas à disposição dos desenvolvedores modernos.

Python, com sua sintaxe clara e intuitiva, provou ser uma porta de entrada perfeita para o vasto universo da programação. Mais do que isso, revelou-se uma linguagem que permite a criação de soluções robustas, seja em automação, análise de dados, inteligência artificial ou desenvolvimento web.

Este livro é fruto de minha experiência acumulada ao longo dos anos trabalhando com tecnologia, combinada com minha paixão por ensinar e compartilhar conhecimentos. Nele, busco apresentar não apenas os conceitos fundamentais da linguagem, mas também técnicas avançadas e práticas recomendadas que ajudarão o leitor a dominar Python de forma completa.

Cada capítulo foi cuidadosamente estruturado para guiar o leitor através dos diversos aspectos da linguagem, desde os primeiros passos até a construção de projetos complexos. Mais do que um manual técnico, este livro é um convite a explorar, experimentar e, acima de tudo, aprender.

Ao longo das páginas, você encontrará exemplos práticos, desafios e insights que refletem a aplicação real de Python no mundo moderno. Minha esperança é que este livro se torne um companheiro valioso em sua jornada de aprendizado, ajudando-o a desbloquear todo o potencial desta poderosa linguagem.

Desejo-lhe uma leitura proveitosa e inspiradora.

Com gratidão,

Marcos Silva

MODULO 01

PROGRAMAÇÃO DE COMPUTADORES

1.1 O que é Programação

Programação é como dar instruções para um computador, dizendo exatamente o que ele deve fazer, passo a passo. Imagine que você é um chefe de cozinha e está ensinando alguém a fazer um bolo. Você precisa explicar cada etapa, como pegar os ingredientes, misturá-los, colocar no forno e esperar. Programar é muito parecido, mas em vez de ensinar uma pessoa, você ensina o computador a fazer algo, como desenhar um quadrado, tocar uma música ou fazer um personagem pular.

1.2 Aprendendo a Programar

No cenário atual, onde a tecnologia permeia quase todos os aspectos da vida cotidiana, a programação emergiu como uma competência indispensável, deixando de ser uma habilidade opcional e tornando-se um alicerce fundamental na formação de cidadãos preparados para os desafios do século XXI. A capacidade de programar não é apenas uma ferramenta técnica; é uma linguagem que permite às novas gerações interagirem de maneira ativa e criativa com o mundo digital que as cerca.

Introduzir a programação desde os primeiros anos de educação é uma estratégia poderosa para estimular o desenvolvimento do pensamento lógico e analítico. Ao aprender a programar, as crianças são desafiadas a enxergar além da superfície dos problemas, decompô-los em partes menores e mais manejáveis, e encontrar soluções de maneira estruturada e eficiente. Esse processo não apenas facilita a resolução de problemas complexos, mas também promove habilidades cognitivas essenciais, como a persistência, a criatividade e a capacidade de inovar.

Além disso, ao dominar a lógica da programação, os jovens desenvolvem uma compreensão mais profunda de como as tecnologias que utilizam

6

diariamente funcionam, o que os transforma de consumidores passivos em criadores ativos de conteúdo digital.

Em um mundo onde a alfabetização digital é tão crucial quanto a alfabetização tradicional, a programação se apresenta como uma ferramenta poderosa para empoderar as novas gerações, preparando-as não apenas para o mercado de trabalho, mas para uma participação plena e significativa na sociedade do futuro.

1.3 Linguagens e seus propósitos

Existem muitas linguagens de programação. Cada linguagem foi desenvolvida pensando em uma área da ciência. Vou colocar abaixo alguns exemplos de linguagens e as aplicações mais apropriadas para cada uma delas:

- **HTML** – for structure: Usado para estruturar o conteúdo de páginas da web, definindo elementos como textos, imagens e links.

- **CSS** – for style: Responsável por estilizar páginas da web, controlando cores, fontes, layouts e design visual.

- **Javascript** – for fun: Adiciona interatividade e dinamismo a páginas da web, como animações e respostas a ações do usuário.

- **React** – for work: Biblioteca JavaScript usada para construir interfaces de usuário, especialmente em aplicativos web dinâmicos e complexos.

- **C** – for general: Linguagem de programação de baixo nível usada para desenvolvimento de sistemas e aplicações de propósito geral.

- **C++** - for Arduino: Extensão de C que suporta programação orientada a objetos, frequentemente usada no desenvolvimento de software para microcontroladores, como o Arduino.

- **C#** - for games: Linguagem utilizada principalmente no desenvolvimento de jogos, especialmente com a plataforma Unity.

- **Swift** – for UI: Linguagem criada pela Apple para desenvolvimento de aplicativos iOS e macOS, focada em interfaces de usuário (UI).

- **Ruby** – for Rails: Usada principalmente com o (framework Ruby on Rails) para desenvolvimento rápido de aplicativos web.

- **PHP** – For $: Linguagem popular para desenvolvimento de back-end em web, amplamente usada em sites dinâmicos e e-commerce.

- **JQuery** – for Legacy: Biblioteca JavaScript que simplifica a manipulação do DOM e eventos, muito usada em projetos web mais antigos.

- **Python** – for Science: Linguagem versátil e fácil de aprender, amplamente usada em ciência de dados, aprendizado de máquina e pesquisa.

- **Typescript** – for safety: Superset do JavaScript que adiciona tipagem estática, tornando o código mais seguro e menos propenso a erros.

- **Java** – for data structures: Linguagem robusta usada para desenvolvimento de software complexo, com forte suporte para estruturas de dados e algoritmos.

1.4. A Ferramenta Python

Python é uma ferramenta incrível que permite que você crie programas de computador, como jogos, aplicativos, e até mesmo robôs! Imagine que é como aprender uma nova linguagem, mas em vez de palavras para conversar com pessoas, você aprende comandos para conversar com o computador e fazer com que ele execute tarefas.

O legal do Python é que ele é muito fácil de entender, mesmo se você nunca programou antes. A linguagem foi feita para ser simples e direta, como se você estivesse escrevendo instruções para um amigo. E o melhor de tudo, com Python, você pode transformar suas ideias em realidade. Se você sempre quis criar um jogo ou um aplicativo que só existe na sua cabeça, Python é a ferramenta que pode te ajudar a fazer isso.

Além disso, Python é usado em muitas áreas legais, como inteligência artificial, onde você pode ensinar o computador a aprender coisas novas, ou em ciência de dados, onde você pode analisar grandes quantidades de informações e descobrir padrões. Então, se você gosta de tecnologia e quer criar coisas novas, aprender Python pode ser um ótimo começo!

1.5. O que você pode fazer com o Python

- **Desenvolvimento de software:** Criação de programas e aplicativos que resolvem problemas específicos ou automatizam tarefas.

- **Análise de dados:** Processamento e interpretação de dados para extrair informações úteis e apoiar a tomada de decisões.

- **Inteligência artificial:** Desenvolvimento de sistemas que imitam a inteligência humana para realizar tarefas como reconhecimento de voz e tomada de decisões.

- **Desenvolvimento Web:** Criação de sites e aplicativos acessíveis via internet, abrangendo front-end (interface do usuário) e back-end (servidor).

- **Aprendizagem de máquina (machine Learning):** Subcampo da inteligência artificial onde sistemas aprendem com dados e melhoram seu desempenho sem programação explícita.

- **Cálculos de matemática:** Realização de operações matemáticas para resolver problemas e modelar situações do mundo real.

- **Workflow:** Sequência de processos e tarefas que uma organização segue para concluir um trabalho de forma eficiente.

- **System Scripting:** Escrever scripts para automatizar tarefas no sistema operacional, como manutenção ou gerenciamento de recursos.

- **Visualização de dados:** Transformação de dados em gráficos e outras representações visuais para facilitar a compreensão.

- **Aplicações Web:** Programas que rodam em servidores e são acessíveis via navegadores da web, oferecendo funcionalidades online.

- **Prototipagem:** Criação de versões preliminares de um produto para testar conceitos e funcionalidades antes do desenvolvimento completo.

- **Data Science:** Extração de insights e conhecimento a partir de grandes volumes de dados usando métodos estatísticos e algoritmos.

- **Database management:** Organização, armazenamento e manipulação de dados em sistemas de banco de dados para garantir eficiência e segurança.

- **Automation:** Implementação de sistemas e processos que realizam tarefas automaticamente, sem necessidade de intervenção humana.

1.6. História do Python

A Linguagem Python surgiu no final dos anos 1980, quando um programador holandês chamado Guido Van Rossum começou a trabalhar em um projeto pessoal durante seu tempo livre. Ele queria criar uma linguagem de programação que fosse fácil de aprender e usar, diferente das linguagens complicadas que existiam na época.

Inspirado por uma linguagem chamada ABC, que ele havia trabalhado anteriormente, Guido decidiu criar uma linguagem que combinasse simplicidade com poder. Ele deu o nome de "Python" em homenagem ao grupo de comédia britânico Monty Python, pois queria que a linguagem fosse divertida de usar.

Python foi lançado oficialmente em 1991, e rapidamente começou a ganhar popularidade entre programadores devido à sua sintaxe clara e capacidade de ser usada para uma ampla variedade de tarefas. Desde então, Python se tornou uma das linguagens de programação mais populares do mundo, utilizada em tudo, desde desenvolvimento web até inteligência artificial.

1.7. O Python e a Gamificação

Python e gamificação formam uma combinação poderosa e versátil, especialmente para aqueles que estão aprendendo a programar ou querem criar jogos interativos. Gamificação é o uso de elementos de design de jogos, como pontos, níveis e desafios, em contextos que não são de jogos para motivar e engajar as pessoas. Python, por ser uma linguagem fácil de aprender e muito flexível, é uma ótima escolha para implementar essas técnicas.

1.7.1. Criação de Jogos com Python

Python oferece bibliotecas poderosas, como Pygame, que facilitam a criação de jogos 2D. Com

Pygame, até iniciantes podem começar a desenvolver jogos simples, como fliperamas e quebra-cabeças, enquanto aprendem conceitos importantes de programação, como loops, funções e eventos.

1.7.2. Educação e Gamificação

Python é frequentemente usado em plataformas educacionais que utilizam gamificação para ensinar programação. Ambientes de aprendizado baseados em jogos, como CodeCombat ou CheckiO, ensinam conceitos de programação em Python de uma forma divertida e interativa, onde os alunos resolvem desafios e ganham pontos, como em um jogo.

1.7.3. Aplicação em Diversos Setores

Além da educação, Python é usado para gamificar tarefas em várias áreas, como saúde e produtividade. Aplicativos que ajudam as pessoas a aprenderem novos hábitos ou melhorar suas habilidades muitas vezes usam Python para criar sistemas de recompensas, missões diárias, e outras mecânicas de jogos.

Em resumo, a combinação de Python e gamificação oferece um mundo de possibilidades para criar experiências interativas e motivadoras, tanto em jogos quanto em aplicações educacionais e profissionais

1.8. Como é a Interface do Python

A interface do Python pode ser entendida de várias maneiras, dependendo de como você interage com a linguagem. Aqui estão alguns dos principais componentes que formam a interface do Python:

1.8.1. Intérprete Python (Python Shell):

A interface mais básica do Python é o Python Shell, também conhecido como REPL (Read-Eval-Print Loop). Quando você abre o Python no terminal ou prompt de comando, você entra nesta interface interativa. Ela permite que você digite comandos e veja imediatamente o resultado. É útil para testar pequenos trechos de código, fazer cálculos rápidos ou experimentar com funções.

1.8.2. IDEs e Editores de Código:

Muitos programadores preferem usar um ambiente de desenvolvimento integrado (IDE) ou um editor de texto para escrever seus programas Python. Alguns dos IDEs mais populares para Python incluem:

- **PyCharm:** Um IDE robusto com muitos recursos, como depuração, autocompletar e integração com sistemas de controle de versão.
- **Visual Studio Code:** Um editor de texto leve que, com as extensões corretas, pode se tornar um poderoso ambiente de programação para Python.
- **IDLE:** O IDE oficial do Python, que vem instalado junto com a linguagem. Ele é simples e ideal para iniciantes, oferecendo uma interface gráfica básica para escrever e executar código Python.

1.8.3. Notebooks Jupyter:

Jupyter Notebooks são uma interface popular usada principalmente para ciência de dados e aprendizado de máquina. Eles permitem que você escreva código Python em células e execute essas células de forma independente. Além disso, você pode adicionar texto, imagens e gráficos para criar documentos interativos que combinam código e explicações.

1.8.4. Interface Gráfica com Python (Tkinter, PyQt):

Para criar interfaces gráficas de usuário (GUIs), Python oferece bibliotecas como Tkinter e PyQt. Estas permitem que você crie janelas, botões, menus e outros elementos visuais que compõem uma aplicação de desktop.

Cada uma dessas interfaces oferece uma maneira diferente de interagir com Python, desde a simples execução de comandos até o desenvolvimento de aplicações completas. A escolha da interface depende do que você está tentando alcançar e do seu nível de experiência com a linguagem.

1.9. Como usar o Python

Iniciar o uso do Python pode ser um processo simples e direto, especialmente com os recursos e ferramentas disponíveis hoje. Aqui estão alguns passos para começar:

1.9.1. Instalação do Python

Verifique se o Python já está instalado: Muitas vezes, Python já vem instalado em sistemas macOS e Linux. Para verificar, abra o terminal e digite python --version ou python3 --version.

Instale o Python: Se Python não estiver instalado, você pode baixá-lo no site oficial python.org. Siga as instruções de instalação para o seu sistema operacional (Windows, macOS ou Linux). Certifique-se de marcar a opção "Add Python to PATH" durante a instalação no Windows.

1.9.2. Escolha um Ambiente

IDLE: Se você é iniciante, o IDLE (que vem com a instalação do Python) é uma boa opção. Ele fornece um ambiente simples para escrever e testar código.

Visual Studio Code: Um editor de texto popular com suporte para Python através de extensões. Ele é leve e oferece muitos recursos úteis, como autocompletar e depuração.

PyCharm: Um IDE completo que é mais avançado, mas pode ser muito útil se você planeja trabalhar em projetos maiores.

1.9.3. Aprenda os Conceitos Básicos

Sintaxe Básica: Comece aprendendo a escrever programas simples que fazem cálculos, manipulam strings, e trabalham com variáveis e loops. Existem muitos tutoriais online gratuitos, como os oferecidos no Codecademy ou SoloLearn.

Documentação Oficial: A documentação oficial do Python é um excelente recurso para aprender e entender como a linguagem funciona.

1.9.4. Pratique com Projetos Simples

Exercícios de Programação: Sites como HackerRank e LeetCode oferecem exercícios que ajudam a solidificar o que você aprendeu.

Criação de Pequenos Projetos: Experimente criar pequenos projetos como uma calculadora, um jogo simples, ou um gerador de senhas. Isso ajuda a aplicar o que você aprendeu de uma maneira prática.

1.9.5. Explore Bibliotecas e Ferramentas

Pandas, NumPy, Matplotlib: Se você estiver interessado em ciência de dados, comece a explorar bibliotecas como Pandas e NumPy para manipulação de dados, e Matplotlib para visualização.

Flask, Django: Para desenvolvimento web, experimente criar um site simples usando frameworks como Flask ou Django.

1.9.6. Participe da Comunidade

Fóruns e Grupos: Participar de comunidades como Stack Overflow e Reddit pode ser útil para tirar dúvidas e aprender com outros programadores.

Projetos Open Source: Contribuir para projetos de código aberto é uma excelente maneira de ganhar experiência e se conectar com outros desenvolvedores.

Começar com Python é uma jornada empolgante, e o mais importante é praticar consistentemente. Ao seguir esses passos, você estará bem encaminhado para dominar a linguagem e aplicá-la em projetos reais.

MODULO 02

CONHECENDO O PYTHON

2.1 O que é Criação Computacional

"Criação computacional é quando usamos um computador para inventar ou fazer coisas novas. Por exemplo, podemos usar o computador para desenhar um jogo, escrever uma história, ou até criar músicas. O computador ajuda a gente a transformar nossas ideias em algo real que podemos ver, ouvir ou jogar. É como usar uma ferramenta mágica para fazer coisas incríveis!"

O Python pode ser utilizado em muitas coisas, assim não podemos contemplar todas elas ao mesmo tempo. Precisamos escolher uma linha de trabalho para focarmos. Entretanto, somos novatos nesse tipo de atividade. Vamos começar pelo básico mas já pensando aonde queremos chegar para não nos perdemos pelo meio do caminho. Vamos explorar um pouco mais sobre os editores de Python.

2.2. + Sobre os Editores de Python

O mundo da programação Python oferece diversas opções de softwares editores para atender às suas necessidades e preferências, desde iniciantes até profissionais experientes. Cada editor possui suas características, vantagens e desvantagens, então a escolha ideal depende do seu estilo de trabalho e dos projetos que você desenvolve.

Para te auxiliar nessa jornada, preparei uma lista com os principais softwares editores para Python, destacando seus pontos fortes:

2.2.1. PyCharm:

Desenvolvido pela JetBrains: Empresa renomada por seus IDEs poderosos e repletos de recursos.

- Versão Community gratuita: Ideal para iniciantes e projetos simples.
- Versão Professional paga: Oferece recursos avançados como depuração avançada,

refatoração de código e integração com ferramentas de controle de versão.

- Interface amigável e personalizável: Permite ajustar o layout e as funcionalidades de acordo com suas preferências.

- Suporte para diversos frameworks Python: Django, Flask, PyQt e muito mais.

- Ampla comunidade online: Tutoriais, fóruns e documentação para auxiliar no aprendizado e resolução de problemas.

2.2.2. Visual Studio Code:

Editor de código leve e popular da Microsoft: Altamente personalizável e extensível.

- Gratuito e de código aberto: Disponível para Windows, macOS e Linux.

- Grande variedade de extensões: Amplia as funcionalidades do editor, incluindo suporte para Python, linting, depuração e muito mais.

- Integração com Git e outros sistemas de controle de versão: Facilita o gerenciamento de código em projetos colaborativos.
- Comunidade vibrante e ativa: Diversos fóruns online, tutoriais e eventos para auxiliar no aprendizado.

2.2.3. Sublime Text:

Editor de código rápido e eficiente: Destaca-se pela velocidade e fluidez na edição de texto.

- Versão de avaliação gratuita: Permite testar o editor por um período antes de comprar a licença.
- Suporte para diversas linguagens de programação: Além de Python, suporta C++, Java, JavaScript e muito mais.
- Interface minimalista e personalizável: Prioriza a simplicidade e a produtividade.
- Diversos plugins disponíveis: Ampliam as funcionalidades do editor, incluindo suporte para Python, linting e depuração.

2.2.4. Atom:

Editor de código open-source e personalizável: Altamente personalizável e extensível.

- Gratuito e de código aberto: Disponível para Windows, macOS e Linux.
- Grande variedade de pacotes: Amplia as funcionalidades do editor, incluindo suporte para Python, linting, depuração e muito mais.
- Integração com Git e outros sistemas de controle de versão: Facilita o gerenciamento de código em projetos colaborativos.
- Comunidade ativa e colaborativa: Diversos fóruns online, tutoriais e eventos para auxiliar no aprendizado.

2.2.5. Vim:

Editor de texto leve e poderoso: Apreciado por sua curva de aprendizado desafiadora, mas que oferece grande controle e eficiência.

- Gratuito e de código aberto: Disponível para diversas plataformas.

- Baseado em texto: Ideal para usuários experientes que desejam um editor minimalista e personalizável.

- Curva de aprendizado íngreme: Requer dedicação e prática para dominar seus comandos e funcionalidades.

- Ampla comunidade online: Tutoriais, fóruns e documentação para auxiliar no aprendizado.

Outras opções:

- IDLE: Editor padrão que acompanha a instalação do Python. Ideal para iniciantes.

- Thonny: Editor educacional com interface amigável e recursos para iniciantes.

- Jupiter Notebook: Ideal para trabalhar com notebooks Python que combinam código e texto explicativo.

A escolha do editor ideal depende das suas necessidades, preferências e estilo de trabalho.

a) Experimente diferentes opções para encontrar o editor que melhor se encaixa em você.

b) Explore tutoriais e documentações online para se familiarizar com as funcionalidades de cada editor.

c) Participe da comunidade online para obter ajuda e compartilhar seus conhecimentos.

2.3. Google Colab para Python

O Google Colab é uma plataforma gratuita oferecida pelo Google que permite executar código Python diretamente no navegador. Isso significa que você não precisa instalar nenhum software ou configurar ambientes complexos em seu computador. O Colab é especialmente útil para:

- **Cientistas de dados:** Análise e visualize dados com bibliotecas poderosas como NumPy, Pandas e Matplotlib.
- **Engenheiros de aprendizado de máquina:** Treine e implemente modelos de aprendizado

de máquina utilizando bibliotecas como TensorFlow e PyTorch.

- **Estudantes:** Aprenda Python e ciência de dados de forma prática, executando código em um ambiente online sem complicações.

- **Profissionais:** Desenvolva e execute scripts Python para diversas tarefas, sem a necessidade de uma máquina local potente.

2.3.1. Principais Recursos do Google Colab:

- **Jupyter Notebook:** O Colab fornece um ambiente de notebook interativo baseado em Jupyter Notebook. Você pode misturar código Python, texto explicativo, imagens e resultados da execução do código, facilitando a documentação e compartilhamento do seu trabalho.

- **Acesso gratuito a recursos computacionais:** O Colab oferece acesso gratuito a máquinas virtuais na nuvem do Google, equipadas com GPUs (processamento gráfico) e TPUs (unidades de processamento tensorial) de alto desempenho, ideais para tarefas exigentes como treinamento de modelos de aprendizado de máquina.

- **Armazenamento em nuvem:** O Colab permite salvar seus notebooks e arquivos na sua conta do Google Drive, facilitando o acesso e a colaboração com outras pessoas.

- **Compartilhamento e colaboração:** Você pode facilmente compartilhar seus notebooks do Colab com outras pessoas, permitindo a colaboração em projetos em tempo real.

2.3.2. Vantagens do Google Colab:

- **Facilidade de uso:** Não é necessária instalação de software, basta acessar o Colab pelo navegador.

- **Gratuito:** O Colab é um serviço gratuito oferecido pelo Google.

- **Alto desempenho:** Acesse recursos computacionais avançados na nuvem, ideais para tarefas complexas.
- **Colaboração facilitada:** Compartilhe e trabalhe em notebooks com outras pessoas.
- **Ideal para aprendizagem:** Uma plataforma perfeita para aprender e experimentar com Python.

2.3.3. Quem deve usar o Google Colab?

O Google Colab é uma ferramenta valiosa para qualquer pessoa que queira trabalhar com Python, especialmente:

- Cientistas de dados que desejam analisar e visualizar dados.
- Engenheiros de aprendizado de máquina que querem treinar e implementar modelos.
- Estudantes que buscam uma plataforma prática para aprender Python.

- Profissionais que precisam executar scripts Python sem configuração complexa.

2.4. Pensamento Computacional:

- Desenvolva habilidades de programação: Aprenda a programar em diversas linguagens, como Python, criando jogos, aplicativos e sistemas embarcados.
- Aprimore o raciocínio lógico e a resolução de problemas: Através da programação, você aprende a estruturar seus pensamentos, analisar problemas e encontrar soluções criativas.
- Domine conceitos básicos de computação: Compreenda como funcionam computadores, sistemas operacionais e a internet, abrindo portas para diversos campos da tecnologia.

2.4.1. Eletrônica e Prototipagem:

a) Aprenda os fundamentos da eletrônica: Explore conceitos como circuitos, sensores, atuadores e microcontroladores, construindo projetos práticos e interativos.

b) Desenvolva habilidades de prototipagem: Crie protótipos de seus projetos eletrônicos utilizando por exemplo, o Raspberry Pi e diversos componentes eletrônicos, desde simples circuitos até robôs complexos.

c) Aprofunde seus conhecimentos em hardware e software: Combine suas habilidades em programação e eletrônica para criar sistemas embarcados completos e funcionais.

2.4.2. Robótica e Automação:

a) Dê vida aos seus robôs: Aprenda a construir e programar robôs utilizando eletrônica, motores, sensores e outros componentes.

b) Domine conceitos de robótica: Explore princípios como locomoção, controle de movimento, inteligência artificial e visão computacional.

c) Crie soluções automatizadas: Desenvolva sistemas automatizados para controlar

35

dispositivos em sua casa, escola ou ambiente de trabalho.

2.4.3. Criação de Conteúdo e Multimídia:

a) Produza seus próprios filmes e animações: Aprenda a editar vídeos, criar animações e efeitos visuais.

b) Explore a música e a produção sonora: Crie músicas, efeitos sonoros e podcasts utilizando softwares de edição de áudio.

c) Desenvolva habilidades em design gráfico: Crie logotipos, banners e outros materiais visuais utilizando ferramentas de design gráfico.

2.4.4. Internet das Coisas (IoT):

- Conecte objetos do mundo físico à internet: Aprenda a criar dispositivos IoT que coletam dados e se comunicam com a internet.

- Domine conceitos de protocolos de comunicação e plataformas IoT: Explore protocolos como MQTT e plataformas como

Node-RED para conectar seus dispositivos à nuvem.

- Desenvolva soluções IoT para diversos problemas: Crie sistemas inteligentes para monitorar sua casa, automatizar tarefas e otimizar processos.

Lembre-se:

- O Python oferece uma sintaxe simples e intuitiva, ideal para iniciantes e experientes.
- Diversas bibliotecas e frameworks facilitam o desenvolvimento de projetos específicos.
- A comunidade vibrante do Python oferece amplo suporte e recursos online.
- Com criatividade e persistência, você pode transformar suas ideias em projetos incríveis!

2.5. Possibilidades reais para o Python

Nesse módulo, analisamos possibilidades reais para usar a linguagem Python. O que foi mostrado é a "ponta do iceberg". Muitas outras possibilidades de aplicações científicas e de tecnologias atuais podem ser implementadas a partir da linguagem Python. Neste livro, vamos mostrar um caminho mais abrangente, dentro do possível, sem perder o foco nas aplicações reais e na força desta linguagem de programação. O leitor decidirá qual caminho vai seguir neste universo de possibilidades.

MODULO 03

GOOGLE COLAB COM O PYTHON

3.1. Configurando o ambiente para o Python

Como vimos no Módulo 2, a configuração do ambiente de programação depende do tipo de trabalho que pretendemos fazer. Precisamos definir qual é o editor de Python que vamos utilizar e o ambiente de programação. Aqui para o nosso curso, precisamos definir um caminho mais fácil, mas que possa ser usado posteriormente como base para os nossos projetos mais avançados. Pensando nisso, achei melhor começarmos com o Google Colab. Já falamos dele anteriormente então vamos ampliar o nosso conhecimento sobre ele.

3.2. Google Colab

O Google Colab é uma plataforma gratuita oferecida pelo Google que permite escrever e executar código Python diretamente no navegador. Ele é particularmente útil para cientistas de dados, pesquisadores e estudantes, pois oferece um ambiente completo para a execução de scripts Python, sem a necessidade de instalar software localmente.

3.2.1. Principais características do Google Colab:

- **Ambiente de Jupyter Notebooks:** O Google Colab usa notebooks baseados no Jupyter, o que permite escrever código, adicionar explicações em texto (usando Markdown) e visualizar gráficos ou outros resultados de forma interativa.

- **Execução em Nuvem:** Ao contrário do uso de Python localmente no seu computador, o código no Google Colab é executado em servidores na nuvem. Isso significa que você pode aproveitar recursos computacionais poderosos, como GPUs e TPUs, para tarefas intensivas como treinamento de modelos de aprendizado de máquina.

- **Acesso a Bibliotecas Populares:** O Colab vem com várias bibliotecas Python pré-instaladas, como NumPy, Pandas, TensorFlow, PyTorch, entre outras. Isso facilita a importação e o uso dessas ferramentas sem necessidade de configuração adicional.

- **Integração com o Google Drive:** Você pode salvar e carregar arquivos diretamente do seu Google Drive. Isso é útil para manter seus dados e notebooks sincronizados e acessíveis de qualquer lugar.

- **Colaboração em Tempo Real:** O Colab permite que várias pessoas editem e executem o mesmo notebook simultaneamente, o que facilita o trabalho em equipe.

- **Gratuito com Limitações:** Embora o Google Colab seja gratuito, existem algumas limitações, como o tempo máximo de execução contínua (normalmente 12 horas), além de restrições de memória e espaço em disco. No entanto, é possível contratar planos pagos para ampliar essas capacidades.

3.2.2. Usos Comuns do Python no Google Colab:

- **Análise de Dados:** Utilizando bibliotecas como Pandas e Matplotlib, você pode carregar, manipular e visualizar conjuntos de dados diretamente no Colab.

- **Aprendizado de Máquina e IA:** Com TensorFlow e PyTorch disponíveis, é possível treinar e testar modelos de aprendizado de máquina e inteligência artificial.

- **Educação e Tutoriais:** Professores e educadores usam o Colab para criar tutoriais interativos e materiais de ensino. Os alunos podem facilmente seguir os exemplos e executar o código por conta própria.

- **Desenvolvimento de Projetos:** Por ser uma plataforma baseada em nuvem, o Colab é ideal para o desenvolvimento de projetos que exigem colaboração entre várias pessoas.

3.2.3. Exemplo Simples de Uso:

Aqui está um exemplo básico de código Python no Google Colab:

```python
import numpy as np
import matplotlib.pyplot as plt

# Criar dados simples
x = np.linspace(0, 10, 100)
y = np.sin(x)

# Plotar os dados
plt.plot(x, y)
plt.title("Seno de x")
plt.xlabel("x")
plt.ylabel("sin(x)")
plt.show()
```

Esse código gera um gráfico simples da função seno. No Colab, o gráfico será exibido logo abaixo da célula de código. Experimente configurar o Colab no seu computador e na aba "Arquivo", abra um "Novo Notebook no Drive". Depois que o campo de programação for exibido, cole o código Python acima. Para rodar o programa, basta apernar na seta branca circulada e preto ao lado do código. Você deverá ter uma imagem como está abaixo:

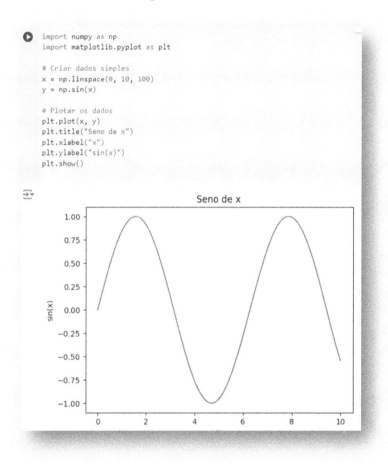

```python
import numpy as np
import matplotlib.pyplot as plt

# Criar dados simples
x = np.linspace(0, 10, 100)
y = np.sin(x)

# Plotar os dados
plt.plot(x, y)
plt.title("Seno de x")
plt.xlabel("x")
plt.ylabel("sin(x)")
plt.show()
```

O Google Colab é uma ferramenta poderosa para qualquer pessoa que deseja explorar o Python em um ambiente prático, acessível e colaborativo.

3.3. Configurando o Colab no seu computador

O Google Colab é uma plataforma que roda totalmente no navegador, portanto, não requer instalação ou configuração no seu computador. No entanto, existem alguns passos que você pode seguir para facilitar o uso do Colab e integrá-lo ao seu fluxo de trabalho.

3.3.1. Passos para configurar e começar a usar o Google Colab:

Acesse o Google Colab:

Abra o seu navegador preferido (como Google Chrome, Firefox, etc.).

Visite o site do Google Colab:

https://colab.research.google.com/

Se você ainda não estiver logado, faça login com sua conta do Google.

3.3.2. Integração com o Google Drive:

Para salvar seus notebooks e acessar arquivos diretamente do seu Google Drive, você pode montar o Google Drive no Colab. Isso é feito com o seguinte código:

```
from google.colab import drive
drive.mount('/content/drive')
```

Após executar o código, será solicitado que você autorize o acesso ao seu Google Drive.

3.3.3. Instalação de Bibliotecas Adicionais:

Embora o Colab venha com muitas bibliotecas populares pré-instaladas, você pode precisar de bibliotecas específicas para seu projeto. Para instalá-las, utilize o comando `!pip install` diretamente em uma célula de código no Colab:

```
!pip install nome_da_biblioteca
```

3.3.4. Configuração de Ambiente (GPU/TPU):

Para aproveitar os recursos de hardware avançados do Google Colab, como GPUs ou TPUs, siga estes passos:

1. No menu superior, clique em "Runtime" (Executar) > "Change runtime type" (Alterar tipo de execução).
2. Em "Hardware accelerator" (Acelerador de hardware), selecione "GPU" ou "TPU", conforme necessário.
3. Clique em "Save" (Salvar) para aplicar as mudanças.

3.3.5. Organização e Gerenciamento de Notebooks:

- Crie pastas no Google Drive para organizar seus notebooks.
- Ao salvar um novo notebook, você pode escolher a pasta onde deseja armazená-lo.

3.3.6. Uso de Extensões de Navegador (Opcional):

Se você deseja uma integração mais fluida entre o Colab e o Google Drive ou outras ferramentas, pode instalar extensões no seu navegador que facilitam a abertura de arquivos no Colab diretamente do Drive, GitHub, etc.

3.3.7. Sincronização com GitHub (Opcional):

O Colab permite a abertura e o salvamento de notebooks diretamente no GitHub, o que é útil para controle de versão e colaboração.

Para abrir um notebook do GitHub, vá em "File" (Arquivo) > "Open notebook" (Abrir notebook) > "GitHub", e insira o URL do repositório.

3.3.8. Dicas adicionais

- **Backups:** Como o Colab é baseado na nuvem, certifique-se de salvar frequentemente seus notebooks no Google Drive para evitar perdas de dados.

- **Extensão para Visual Studio Code (VS Code):** Se você usa o VS Code, há extensões que permitem a edição e execução de notebooks Colab diretamente no VS Code, embora isso possa exigir configuração adicional.

- **Cuidado com o Uso de Recursos:** O Colab é gratuito, mas os recursos são limitados. Utilize GPUs e TPUs com moderação e esteja ciente das restrições de tempo e memória.

Seguindo esses passos, você estará pronto para aproveitar ao máximo o Google Colab no seu fluxo de trabalho.

3.4 Testando o ambiente do Colab

Ao abrir o Colab, você verá a seguinte tela:

+ Código   + Texto   Todas as alterações foram salvas

Comece a programar ou gere código com IA.

Na barra de programação está escrito: *Comece a programar ou gere código com IA*. Veja que o Colab dá uma dica para você gerar um código usando uma IA, seja o ChatGPT ou a Gemini do Google. No meu caso, a IA Gemini já está conectada ao Colab, entretanto, não é prudente ficar gerando códigos com IA se você deseja realmente aprender a programar. Depois que você passar pelo aprendizado inicial (Python Syllabus), você poderá usar a IA para seus projetos mais complexos. Entender a estrutura da língua, é fundamento para dominar a linguagem de programação.

Tente escrever na linha de códigos, o seguinte:

- Print ("**Hello World**")

Ao executar esse código, você terá como resposta:

Hello World

Você acabou de fazer seu primeiro programa em Python.

Nota: Para executar o código, basta clicar sobre a *seta branca circulada com preto*.

Se você precisar de ajuda sobre o uso de algum código, basta você digitar na linha de códigos o seguinte: help()

```
help()

Welcome to Python 3.10's help utility!

If this is your first time using Python, you should definitely check out
the tutorial on the internet at https://docs.python.org/3.10/tutorial/.

Enter the name of any module, keyword, or topic to get help on writing
Python programs and using Python modules.  To quit this help utility and
return to the interpreter, just type "quit".

To get a list of available modules, keywords, symbols, or topics, type
"modules", "keywords", "symbols", or "topics".  Each module also comes
with a one-line summary of what it does; to list the modules whose name
or summary contain a given string such as "spam", type "modules spam".

help> Print
No Python documentation found for 'Print'.
Use help() to get the interactive help utility.
Use help(str) for help on the str class.

help> #
No Python documentation found for '#'.
Use help() to get the interactive help utility.
Use help(str) for help on the str class.

help> Raw_input
No Python documentation found for 'Raw_input'.
Use help() to get the interactive help utility.
Use help(str) for help on the str class.


You are now leaving help and returning to the Python interpreter.
If you want to ask for help on a particular object directly from the
interpreter, you can type "help(object)".  Executing "help('string')"
has the same effect as typing a particular string at the help> prompt.
help>
```

Ao abrir o comando do Help, o Python vai indicar para você o link do tutorial do Python na Internet e logo abaixo ele vai solicitar para qual módulo você precisa de ajuda. Nesse caso, eu digitei "Print", depois "#" e depois "Raw_input". O Python deu uma descrição breve de cada código solicitado.

Na última mensagem, é explicado que se você desejar ajuda sobre um objeto específico, você pode faze diretamente no interpretador digitando "help(object)".

Executando "help(string)", tem o mesmo efeito do que digitar uma string específica no prompt help.

MODULO 04

ROADMAP & SYLLABUS

4.1 Roadmap

Agora que você já fez seu primeiro programa no Python, vamos criar um "Roadmap" para o nosso aprendizado de Python. Organizar as coisas é o primeiro passo para não se perder pelo caminho.

Step 1: Aprender o Básico - Sintaxe, Variáveis, Tipos de Dados e Condicionais

- **Sintaxe:** A sintaxe de Python é simples e legível, sendo uma das suas grandes vantagens. Aprender a sintaxe envolve entender como escrever instruções em Python, como organizar o código e como usar indentação para definir blocos de código (como loops, funções etc.).

- **Variáveis:** Em Python, variáveis são usadas para armazenar dados que podem ser manipulados ou referenciados. Diferente de outras linguagens, você não precisa declarar o tipo da variável explicitamente; Python faz isso de forma dinâmica.

- **Tipos de Dados:** Python suporta vários tipos de dados, como inteiros (int), números de ponto flutuante (float), strings (str), e booleanos (bool). Aprender a trabalhar com esses tipos é fundamental para manipulação de dados e operações básicas.

- **Condicionais:** As estruturas condicionais (if, elif, else) são usadas para executar diferentes blocos de código com base em certas condições. Isso é essencial para controle de fluxo em qualquer aplicação.

Step 2: Loops, Funções, Funções Embutidas

- **Loops:** Loops (for e while) permitem que você repita blocos de código várias vezes, automatizando tarefas repetitivas. Entender como e quando usar loops é crucial para desenvolver código eficiente.

- **Funções:** Funções são blocos de código que executam uma tarefa específica e podem ser reutilizadas em diferentes partes do programa. Aprender a criar e utilizar funções melhora a modularidade e a organização do código.

- **Funções Embutidas:** Python vem com uma série de funções prontas para uso, como print(), len(), range(), entre outras. Saber usar essas funções pode economizar tempo e esforço, permitindo que você foque em resolver problemas mais complexos.

Step 3: Estruturas de Dados - Listas, Tuplas, Conjuntos, Dicionários

- **Listas:** São coleções ordenadas de itens que podem ser modificadas. Listas são muito flexíveis e amplamente usadas para armazenar sequências de dados.

- **Tuplas:** Semelhantes às listas, mas imutáveis, o que significa que, uma vez criadas, seus valores não podem ser alterados. Tuplas são

55

úteis quando você precisa de uma sequência de itens que não deve ser alterada.

- **Conjuntos:** São coleções não ordenadas de itens únicos, ou seja, não permitem duplicatas. Conjuntos são usados quando você precisa garantir que todos os itens em uma coleção sejam únicos.
- **Dicionários:** São coleções de pares chave-valor, onde cada chave está associada a um valor. Dicionários são úteis para armazenar dados que precisam ser rapidamente acessados por uma chave.

Step 4: Programação Orientada a Objetos (OOP) - Classes, Herança, Objetos

- **Classes:** Em OOP, uma classe é um modelo para criar objetos. Uma classe define atributos (dados) e métodos (funções) que os objetos criados a partir dessa classe terão.
- **Herança:** Permite que uma classe herde atributos e métodos de outra classe. Isso

promove a reutilização de código e facilita a manutenção.

○ **Objetos:** São instâncias de classes. Cada objeto pode ter atributos próprios e usar métodos definidos na sua classe, permitindo criar estruturas complexas e dinâmicas no seu código.

Step 5: Tópicos Avançados 1 - Expressões Regulares, Decoradores, Funções Lambda

○ **Expressões Regulares (Regex):** São padrões usados para procurar ou manipular textos. Aprender regex é importante para tarefas como validação de entrada de dados, busca de padrões e substituições em strings.

○ **Decoradores:** São funções que modificam o comportamento de outras funções ou métodos. Eles são amplamente usados para adicionar funcionalidades, como logging, sem modificar diretamente o código da função original.

- **Funções Lambda:** São funções anônimas, ou seja, funções sem nome que podem ser definidas em uma única linha. São usadas para simplificar o código, especialmente em situações onde funções simples são necessárias temporariamente.

Step 6: Tópicos Avançados 2 - Módulos, Iteradores

- **Módulos:** São arquivos Python que contêm funções, classes e variáveis que podem ser reutilizados em outros programas. Python possui uma vasta coleção de módulos padrão e a comunidade contribui com milhares de outros módulos que podem ser instalados.

- **Iteradores:** São objetos que permitem percorrer coleções, como listas e tuplas, um item de cada vez. Aprender sobre iteradores é fundamental para compreender como as estruturas de repetição funcionam em Python e como criar suas próprias estruturas de iteração.

Step 7: Aprender Bibliotecas Python

Python é conhecido por sua extensa biblioteca padrão e uma grande quantidade de bibliotecas de terceiros. Dependendo do seu foco (como ciência de dados, desenvolvimento web, automação etc.), você precisará aprender bibliotecas específicas, como: NumPy, Pandas, Flask, Django, etc. Essas bibliotecas fornecem ferramentas poderosas para diversas áreas de desenvolvimento e são essenciais para se tornar um programador Python completo.

Step 8: Aprender Sistemas de Controle de Versão

O Git é o sistema de controle de versão mais popular, usado para rastrear mudanças no código, colaborar com outros desenvolvedores e gerenciar diferentes versões de um projeto. Aprender Git (e plataformas como GitHub) é vital para qualquer desenvolvedor, permitindo que você trabalhe de forma eficiente em projetos individuais ou colaborativos.

Step 9: Construir Aplicações Python

A etapa final é colocar todo o conhecimento em prática construindo aplicações reais. Isso pode incluir pequenos scripts de automação, aplicativos web, ferramentas de análise de dados, ou até mesmo projetos complexos de software. Essa fase é crucial para consolidar o aprendizado, identificar lacunas no conhecimento e ganhar experiência prática.

Esse roadmap fornece uma estrutura sólida para o aprendizado de Python, desde os conceitos básicos até a aplicação prática e avançada da linguagem. É importante seguir cada etapa com atenção e praticar bastante para dominar todos os conceitos.

4.2. Tópicos para aprender Python

A organização do aprendizado é fundamental para entender a estrutura da linguagem e suas nuances. Estou listando abaixo as principais definições e exemplos para cada código listado do aprendizado básico até o aprendizado avançado para Python.

4.3. Básico

- Variables
- Conditions
- Chained conditionals
- Operators
- Control flow (If/Else)
- Loops and iterables
- Basic data structures
- Functions
- Mutable vs immutable
- Common methods
- File I/O

Veja a seguir alguns exemplos de código para os tópicos básicos do aprendizado de Python:

4.3.1. Variáveis (Variables)

Variáveis são usadas para armazenar dados que podem ser manipulados ou referenciados no código.

Exemplo:

x = 10

nome = "Marcos"

print (nome * x)

```
x = 10
nome = "Marcos"
print (nome * x)
```

MarcosMarcosMarcosMarcosMarcosMarcosMarcosMarcosMarcosMarcos

4.3.2. Condições (Conditions)

Condições são expressões que resultam em True ou False, usadas para controlar o fluxo do programa.

Exemplo:

x = 5

if x > 3:

    print("x é maior que 3")

```
x = 5
if x > 3:
    print("x é maior que 3")
```

x é maior que 3

4.3.3. Condicionais Encadeadas (Chained Conditionals)

São múltiplas condições verificadas em sequência usando if, elif e else.para controlar o fluxo do programa.

Exemplo:

```
x = 5
if x > 10:
    print("Maior que 10")
elif x == 10:
    print("Igual a 10")
else:
    print("Menor que 10")
```

```
x = 5
if x > 10:
    print("Maior que 10")
elif x == 10:
    print("Igual a 10")
else:
        print("Menor que 10")
```

Menor que 10

4.3.4. Operadores (Operators)

Operadores são símbolos usados para realizar operações em variáveis e valores.

Exemplo:

Operadores aritméticos

soma = 5 + 3

produto = 4 * 7

Operadores de comparação

igual = (5 == 5)

maior = (10 > 5)

```
# Operadores aritméticos
soma = 5 + 3
produto = 4 * 7
# Operadores de comparação
igual = (5 == 5)
maior = (10 > 5)
```

4.3.5. Fluxo de Controle (Control Flow - If/Else)

Controla a execução do código com base em condições.

Exemplo:

idade = 18

if idade >= 18:

    print("Você é maior de idade.")

else:

    print("Você é menor de idade.")

```
idade = 18
if idade >= 18:
        print("Você é maior de idade.")
else:
        print("Você é menor de idade.")
```

Você é maior de idade.

4.3.6. Laços e Iteráveis (Loops and Iterables)

Laços permitem executar repetidamente um bloco de código, e iteráveis são objetos que podem ser percorridos item por item.

Exemplo:

Loop for com uma lista

numeros = [1, 2, 3, 4, 5]

for numero in numeros:

    print(numero)

Loop while

contador = 0

while contador < 5:

    print(contador)

    contador += 1

```
# Loop for com uma lista
numeros = [1, 2, 3, 4, 5]
for numero in numeros:
        print(numero)
# Loop while
contador = 0
while contador < 5:
        print(contador)
        contador += 1
```

```
1
2
3
4
5
0
1
2
3
4
```

4.3.7. Estruturas de Dados Básicas (Basic Data Structures)

Estruturas como listas, tuplas, conjuntos e dicionários são usados para armazenar e organizar dados.

Exemplo:

```
# Lista
lista = [1, 2, 3]

# Tupla (imutável)
tupla = (1, 2, 3)

# Conjunto (elementos únicos)
conjunto = {1, 2, 3}

# Dicionário (pares chave-valor)
dicionario = {"nome": "Marcos", "idade": 30}
```

4.3.8. Funções (Functions)

Funções são blocos de código reutilizáveis que realizam uma tarefa específica.

```
def saudacao(nome):
    return f"Olá, {nome}!"
print(saudacao("Marcos"))
```

```
def saudacao(nome):
    return f"Olá, {nome}!"

print(saudacao("Marcos"))
```

Olá, Marcos!

4.3.9. Mutável vs Imutável (Mutable vs Immutable)

Dados mutáveis podem ser alterados após sua criação, enquanto dados imutáveis não podem.

Exemplo:

```
# Lista é mutável
lista = [1, 2, 3]
lista[0] = 10
```

Tupla é imutável

tupla = (1, 2, 3)

tupla[0] = 10 # Isso causaria um erro

4.3.10. Métodos Comuns (Common Methods)

Métodos são funções que pertencem a objetos específicos.

Exemplo:

Métodos de lista

lista = [1, 2, 3]

lista.append(4) # Adiciona um item à lista print(lista)

Métodos de string

texto = "Python"

print(texto.upper()) # Converte para maiúsculas

```
# Métodos de lista
lista = [1, 2, 3]
lista.append(4)  # Adiciona um item à lista print(lista)

# Métodos de string
texto = "Python"
print(texto.upper())  # Converte para maiúsculas
```

PYTHON

69

4.3.11. Entrada e Saída de Arquivos (File I/O)

Permite ler de e escrever em arquivos.

Exemplo:

Escrever em um arquivo

with open("arquivo.txt", "w") as file:

    file.write("Olá, Mundo!")

Ler de um arquivo

with open("arquivo.txt", "r") as file:

    conteudo = file.read()

    print(conteudo)

```
# Escrever em um arquivo
with open("arquivo.txt", "w") as file:
    file.write("Olá, Mundo!")
# Ler de um arquivo
with open("arquivo.txt", "r") as file:
    conteudo = file.read()
    print(conteudo)
```

Olá, Mundo!

Esses conceitos formam a base para o desenvolvimento em Python e são essenciais para a construção de programas mais complexos. Praticar cada um deles ajudará a consolidar o aprendizado.

4.4. Intermediário

- Decorators
- Generators
- Context Managers
- Metaclasses
- Parallelism
- Testing
- Packages
- Cython

Veja a seguir alguns exemplos de código para os tópicos intermediários do aprendizado de Python:

4.4.1. Programação Orientada a Objetos (OOP)

A Programação Orientada a Objetos é um paradigma de programação que utiliza "objetos" e "classes". Uma classe é um modelo para criar objetos, que são instâncias dessa classe.

Exemplo:

```python
class Animal:
    def __init__(self, nome):
        self.nome = nome
    def fazer_som(self):
        print(f"{self.nome} faz som!")
```

cachorro = Animal("Cachorro")

cachorro.fazer_som()

```
class Animal:
    def __init__(self, nome):
        self.nome = nome

    def fazer_som(self):
        print(f"{self.nome} faz som!")

cachorro = Animal("Cachorro")
cachorro.fazer_som()
```

Cachorro faz som!

4.4.2. Estruturas de Dados (Data Structures)

Estruturas de dados são formas organizadas de armazenar e manipular dados. As mais comuns em Python incluem listas, tuplas, conjuntos e dicionários.

Exemplo:

Lista

lista = [1, 2, 3]

Dicionário

dicionario = {"nome": "Marcos", "idade": 30}

```
# Lista
lista = [1, 2, 3]

# Dicionário
dicionario = {"nome": "Marcos", "idade": 30}
```

4.3.3. Comprehensions

Comprehensions são uma forma concisa de criar listas, conjuntos, dicionários, etc., a partir de iteráveis, utilizando uma única linha de código.

Exemplo:

List comprehension

quadrados = [x**2 for x in range(10)]

print(quadrados)

```
# List comprehension
quadrados = [x**2 for x in range(10)]
print(quadrados)
```

```
[0, 1, 4, 9, 16, 25, 36, 49, 64, 81]
```

4.4.4. Funções Lambda (Lambda Functions)

Funções lambda são funções anônimas e pequenas que podem ter qualquer número de argumentos, mas apenas uma expressão.

Exemplo:

soma = lambda x, y: x + y

print(soma(2, 3))

```
soma = lambda x, y: x + y
print(soma(2, 3))
```

5

4.4.5. Map, Filter

map() aplica uma função a todos os itens de um iterável, enquanto filter() cria uma lista de elementos que satisfazem uma determinada condição.

Exemplo:

numeros = [1, 2, 3, 4, 5]

Map

dobro = list(map(lambda x: x * 2, numeros))

print(dobro)

Filter

pares = list(filter(lambda x: x % 2 == 0, numeros))

print(pares)

```
numeros = [1, 2, 3, 4, 5]
# Map
dobro = list(map(lambda x: x * 2, numeros))
print(dobro)

# Filter
pares = list(filter(lambda x: x % 2 == 0, numeros))
print(pares)
```

```
[2, 4, 6, 8, 10]
[2, 4]
```

4.4.6. Coleções (Collections)

O módulo collections em Python fornece tipos de dados especializados, como deque, Counter, OrderedDict, entre outros.

Exemplo:

from collections import Counter

contagem = Counter("abracadabra")

print(contagem)

```
from collections import Counter
contagem = Counter("abracadabra")
print(contagem)
```

```
Counter({'a': 5, 'b': 2, 'r': 2, 'c': 1, 'd': 1})
```

4.4.7. *Args e **Kwargs

*args permite que você passe um número variável de argumentos posicionais para uma função, enquanto **kwargs permite passar um número variável de argumentos nomeados.

Exemplo:

def funcao_exemplo(*args, **kwargs):

   print("Args:", args)

   print("Kwargs:", kwargs)

funcao_exemplo(1, 2, 3, nome="Marcos", idade=30)

```
def funcao_exemplo(*args, **kwargs):
    print("Args:", args)
    print("Kwargs:", kwargs)

funcao_exemplo(1, 2, 3, nome="Marcos", idade=30)
```

```
Args: (1, 2, 3)
Kwargs: {'nome': 'Marcos', 'idade': 30}
```

4.4.8. Herança (Inheritance)

Herança permite que uma classe derive de outra classe, herdando seus atributos e métodos.

Exemplo:

```python
class Animal:
    def __init__(self, nome):
        self.nome = nome

    def fazer_som(self):
        print(f"{self.nome} faz som!")
class Cachorro(Animal):
    def fazer_som(self):
        print(f"{self.nome} late!")
dog = Cachorro("Rex")
dog.fazer_som()
```

```
class Animal:
    def __init__(self, nome):
        self.nome = nome

    def fazer_som(self):
        print(f"{self.nome} faz som!")
class Cachorro(Animal):
    def fazer_som(self):
        print(f"{self.nome} late!")
dog = Cachorro("Rex")
dog.fazer_som()
```

Rex late!

4.4.9. Métodos Especiais (Dunder Methods)

Métodos especiais, ou "dunder methods", são métodos com nomes que começam e terminam com dois sublinhados (__). Eles permitem a personalização do comportamento de operadores ou funções internas.

Exemplo:

class Livro:

    def __init__(self, titulo, autor):

        self.titulo = titulo

        self.autor = autor

def __str__(self):

return f"{self.titulo} por {self.autor}"

livro = Livro("Python para Iniciantes", "Marcos Silva")

print(livro)

```
class Livro:
    def __init__(self, titulo, autor):
        self.titulo = titulo
        self.autor = autor

    def __str__(self):
        return f"{self.titulo} por {self.autor}"

livro = Livro("Python para Iniciantes", "Marcos Silva")
print(livro)
```

```
Python para Iniciantes por Marcos Silva
```

4.4.10. PIP

PIP é o gerenciador de pacotes para Python, usado para instalar e gerenciar bibliotecas e dependências externas.

Exemplo:

pip install requests

4.4.11. Ambientes Virtuais (Environments)

Ambientes virtuais são utilizados para isolar dependências de projetos Python, garantindo que cada projeto tenha suas próprias versões de pacotes e bibliotecas.

Exemplo:

```
# Criar um ambiente virtual
python -m venv meu_ambiente


# Ativar o ambiente virtual (no Windows)
meu_ambiente\Scripts\activate


# No Linux/Mac
source meu_ambiente/bin/activate
```

4.4.12. Módulos (Modules)

Módulos são arquivos Python que contêm definições e implementações de funções, classes e variáveis. Eles podem ser importados para serem utilizados em outros scripts.

Exemplo:

```
# meu_modulo.py
```

```python
def saudacao(nome):
    return f"Olá, {nome}!"

# Em outro script
import meu_modulo
print(meu_modulo.saudacao("Marcos"))
```

4.4.13. Programação Assíncrona (Async)

Python suporta programação assíncrona, que permite executar funções de forma não bloqueante, útil para tarefas de I/O intensivo, como operações de rede.

Exemplo:

```python
import asyncio
async def saudacao():
    print("Olá")
    await asyncio.sleep(1)
    print("Mundo!")

# Executa a função assíncrona
asyncio.run(saudacao())
```

Esses conceitos intermediários são fundamentais para avançar no uso de Python, permitindo o desenvolvimento de aplicações mais complexas e eficientes.

4.5. Avançado

- Decorators
- Generators
- Context Managers
- Metaclasses
- Parallelism
- Testing Packages
- Cython

Veja a seguir alguns exemplos de código para os tópicos avançados do aprendizado de Python:

4.5.1. Decorators (Decoradores)

Decoradores são funções que modificam o comportamento de outras funções ou métodos. Eles permitem adicionar funcionalidade a funções existentes de forma clara e reutilizável.

Exemplo:

```
def decorador_exemplo(func):
    def wrapper():
```

```
    print("Antes da função")
    func()
    print("Depois da função")
  return wrapper
@decorador_exemplo
def saudacao():
  print("Olá, Mundo!")
saudacao()
```

```python
def decorador_exemplo(func):
    def wrapper():
        print("Antes da função")
        func()
        print("Depois da função")
    return wrapper

@decorador_exemplo
def saudacao():
    print("Olá, Mundo!")

saudacao()
```

```
Antes da função
Olá, Mundo!
Depois da função
```

Saída:

Antes da função

Olá, Mundo!

Depois da função

4.5.2. Generators (Geradores)

Geradores são uma forma especial de iteradores que permitem criar sequências de valores de maneira eficiente, um de cada vez, em vez de criar toda a sequência de uma só vez na memória.

Exemplo:

```python
def gerador_exemplo():
    for i in range(5):
        yield i
for valor in gerador_exemplo():
    print(valor)
```

Saída:

0

1

2

3

4

```python
def gerador_exemplo():
    for i in range(5):
        yield i

for valor in gerador_exemplo():
    print(valor)
```

```
0
1
2
3
4
```

4.5.3. Context Managers (Gerenciadores de Contexto)

Gerenciadores de contexto permitem gerenciar recursos como arquivos, conexões de rede, etc., garantindo que eles sejam corretamente abertos e fechados. O exemplo mais comum é o uso de with para manipulação de arquivos.

Exemplo:

with open("arquivo.txt", "w") as file:

    file.write("Olá, Mundo!")

O arquivo é automaticamente fechado ao sair do bloco with

```
with open("arquivo.txt", "w") as file:
    file.write("Olá, Mundo!")
# O arquivo é automaticamente fechado ao sair do bloco with
```

4.5.4. Metaclasses

Metaclasses são "classes de classes". Elas permitem que você controle a criação de classes, modificando ou estendendo o comportamento das classes durante a criação.

Exemplo:

class Meta(type):

  def __new__(cls, nome, bases, dct):

    print(f"Criando classe {nome}")

    return super().__new__(cls, nome, bases, dct)

class MinhaClasse(metaclass=Meta):

  pass

 # Saída: Criando classe MinhaClasse

```
class Meta(type):
    def __new__(cls, nome, bases, dct):
        print(f"Criando classe {nome}")
        return super().__new__(cls, nome, bases, dct)

class MinhaClasse(metaclass=Meta):
    pass
```

Criando classe MinhaClasse

4.5.5. Paralelismo (Parallelism)

Paralelismo em Python envolve a execução de várias operações simultaneamente, utilizando múltiplos núcleos de CPU. É frequentemente usado em tarefas que exigem muita computação.

Exemplo com concurrent.futures:

```python
import concurrent.futures


def tarefa(numero):
    return numero ** 2


with concurrent.futures.ThreadPoolExecutor() as executor:
    resultados = [executor.submit(tarefa, i) for i in range(5)]
    for futuro in concurrent.futures.as_completed(resultados):
        print(futuro.result())
```

```
def tarefa(numero):
    return numero ** 2

with concurrent.futures.ThreadPoolExecutor() as executor:
    resultados = [executor.submit(tarefa, i) for i in range(5)]
    for futuro in concurrent.futures.as_completed(resultados):
        print(futuro.result())
```

```
NameError                                 Traceback (most recent call last)
<ipython-input-28-b3748ac4477a> in <cell line: 4>()
      2     return numero ** 2
      3
----> 4 with concurrent.futures.ThreadPoolExecutor() as executor:
      5     resultados = [executor.submit(tarefa, i) for i in range(5)]
      6     for futuro in concurrent.futures.as_completed(resultados):

NameError: name 'concurrent' is not defined
```

Nota: Importe o concurrent.futuresmódulo no início do seu script usando import concurrent.futures. Se estiver usando Python 2, você precisará instalar e importar o futurespacote.

4.5.6. Testes (Testing)

Testes são fundamentais para garantir que o código funcione como esperado. Em Python, o módulo unittest é uma ferramenta poderosa para criar e executar testes automatizados.

Exemplo:

import unittest

def soma(a, b):

    return a + b

class TestSoma(unittest.TestCase):

  def test_soma(self):

    self.assertEqual(soma(2, 3), 5)

    self.assertEqual(soma(-1, 1), 0)

if __name__ == "__main__":

  unittest.main()

```
def soma(a, b):
    return a + b

class TestSoma(unittest.TestCase):
    def test_soma(self):
        self.assertEqual(soma(2, 3), 5)
        self.assertEqual(soma(-1, 1), 0)

if __name__ == "__main__":
    unittest.main()
```

```
NameError                                 Traceback (most recent call last)
<ipython-input-26-74688c108098> in <cell line: 4>()
      2     return a + b
      3
----> 4 class TestSoma(unittest.TestCase):
      5     def test_soma(self):
      6         self.assertEqual(soma(2, 3), 5)

NameError: name 'unittest' is not defined
```

A mensagem de erro "NameError: name 'unittest' is not defined" significa que o unittestmódulo não foi importado no seu código. Você precisa importar módulos antes de poder usá-los em Python.

4.5.7. Pacotes (Packages)

Pacotes em Python são coleções de módulos organizados em diretórios que incluem um arquivo __init__.py. Eles permitem organizar grandes projetos em unidades menores e reutilizáveis.

Estrutura de Pacotes:

meu_pacote/

   __init__.py

   modulo1.py

   modulo2.py

Exemplo:

```python
# Dentro de modulo1.py
def funcao_modulo1():
    return "Função no módulo 1"
# Dentro de modulo2.py
def funcao_modulo2():
    return "Função no módulo 2"
# Usando o pacote
from meu_pacote import modulo1, modulo2
print(modulo1.funcao_modulo1())
print(modulo2.funcao_modulo2())
```

4.5.8. Cython

Cython é uma extensão da linguagem Python que permite a escrita de código C/C++ de alto desempenho diretamente em Python. Ele é usado para acelerar partes críticas do código Python.

Exemplo Básico:

```
# arquivo exemplo.pyx
def soma(int a, int b):
    return a + b
```

Para usar Cython, o código .pyx deve ser compilado em um módulo que pode ser importado e usado como um módulo Python normal.

Compilação com setup.py:

```
from setuptools import setup
from Cython.Build import cythonize
setup(
    ext_modules = cythonize("exemplo.pyx")
)
```

Cython é poderoso para otimização e integração com bibliotecas C, proporcionando grandes ganhos de desempenho.

Esses tópicos avançados são ferramentas poderosas para desenvolver softwares eficiente e escalável em Python, permitindo tanto a personalização profunda do comportamento do código quanto a otimização de desempenho.

MODULO 05

PROGRAMANDO COM O PYTHON

5.1 Relógio Analógico

Tente rodar o seguinte código:

```python
import turtle
import datetime

# Configuração inicial
screen = turtle.Screen()
screen.setup(width=600, height=600)
screen.title("Relógio Analógico")
screen.bgcolor("white")
screen.tracer(0)

# Função para desenhar o círculo do relógio
def desenhar_circulo():
    relogio.penup()
    relogio.goto(0, -290)
    relogio.pendown()
    relogio.circle(290)
```

```python
# Função para criar os ponteiros
def criar_ponteiro(tamanho, largura):
    ponteiro = turtle.Turtle()
    ponteiro.shape("arrow")
    ponteiro.shapesize(stretch_wid=largura,
stretch_len=tamanho)
    ponteiro.color("black")
    ponteiro.speed(0)
    return ponteiro


# Função para posicionar o ponteiro na hora atual
def atualizar_relogio():
    hora_atual = datetime.datetime.now()
    hora = hora_atual.hour
    minuto = hora_atual.minute
    segundo = hora_atual.second

    angulo_hora = (hora % 12) * 30 + minuto * 0.5
    angulo_minuto = minuto * 6
    angulo_segundo = segundo * 6
```

```python
    ponteiro_hora.setheading(angulo_hora)
    ponteiro_minuto.setheading(angulo_minuto)
    ponteiro_segundo.setheading(angulo_segundo)

    screen.update()
    screen.ontimer(atualizar_relogio, 1000)


# Instanciando o Turtle
relogio = turtle.Turtle()
relogio.hideturtle()
relogio.speed(0)
desenhar_circulo()


# Criando os ponteiros
ponteiro_hora = criar_ponteiro(10, 1)
ponteiro_minuto = criar_ponteiro(14, 0.6)
ponteiro_segundo = criar_ponteiro(18, 0.2)
ponteiro_segundo.color("red")


# Atualizando o relógio a cada segundo
```

atualizar_relogio()

# Mantém a janela aberta
turtle.done()

O resultado esperado será o seguinte:

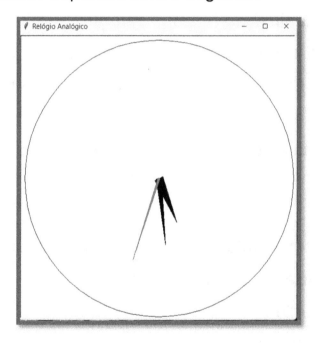

Como o código funciona:

1. **Configuração inicial**: Configura a janela gráfica (screen) onde o relógio será exibido.

2. **Desenho do círculo do relógio**: Usa a função desenhar_circulo() para desenhar a borda do relógio.

3. **Criação dos ponteiros**: Usa a função criar_ponteiro() para criar os ponteiros de horas, minutos e segundos.

4. **Atualização do relógio**: A função atualizar_relogio() atualiza a posição dos ponteiros a cada segundo, com base na hora atual.

O resultado é um relógio analógico simples que atualiza os ponteiros em tempo real.

5.1.1. Explicando o código do relógio analógico

1. Importação de bibliotecas

import turtle

import datetime

- **turtle**: Uma biblioteca gráfica que permite desenhar formas e figuras de maneira simples.

- **datetime**: Uma biblioteca para trabalhar com datas e horários.

2. Configuração inicial

python

Copiar código

```
screen = turtle.Screen()
screen.setup(width=600, height=600)
screen.title("Relógio Analógico")
screen.bgcolor("white")
screen.tracer(0)
```

- **screen = turtle.Screen()**: Cria uma janela gráfica onde o relógio será desenhado.

- **screen.setup(width=600,   height=600)**: Define o tamanho da janela (600x600 pixels).

- **screen.title("Relógio Analógico")**: Define o título da janela.

- **screen.bgcolor("white")**: Define a cor de fundo da janela como branco.

- **screen.tracer(0)**: Desativa a atualização automática da tela, permitindo atualizações manuais para melhor controle.

3. Função para desenhar o círculo do relógio

def desenhar_circulo():

```
relogio.penup()
relogio.goto(0, -290)
relogio.pendown()
relogio.circle(290)
```

- **relogio.penup()**: Levanta a "caneta" do Turtle, para que ele se mova sem desenhar.
- **relogio.goto(0, -290)**: Move o Turtle para a posição (0, -290) na tela (parte inferior do círculo).
- **relogio.pendown()**: Abaixa a "caneta", permitindo que ele desenhe ao se mover.
- **relogio.circle(290)**: Desenha um círculo com raio de 290 pixels.

4. Função para criar os ponteiros

python

Copiar código

```
def criar_ponteiro(tamanho, largura):
    ponteiro = turtle.Turtle()
    ponteiro.shape("arrow")
    ponteiro.shapesize(stretch_wid=largura,
stretch_len=tamanho)
```

```
ponteiro.color("black")
ponteiro.speed(0)
return ponteiro
```

- **ponteiro = turtle.Turtle()**: Cria um novo Turtle para representar o ponteiro.

- **ponteiro.shape("arrow")**: Define o formato do Turtle como uma seta (ideal para ponteiros).

- **ponteiro.shapesize(stretch_wid=largura, stretch_len=tamanho)**: Ajusta o tamanho do ponteiro com base nos parâmetros fornecidos.

- **ponteiro.color("black")**: Define a cor do ponteiro como preto.

- **ponteiro.speed(0)**: Define a velocidade do Turtle para a máxima possível.

- **return ponteiro**: Retorna o ponteiro criado para ser usado no relógio.

5. Função para atualizar os ponteiros com a hora atual

```
def atualizar_relogio():
    hora_atual = datetime.datetime.now()
    hora = hora_atual.hour
```

```
minuto = hora_atual.minute
segundo = hora_atual.second

angulo_hora = (hora % 12) * 30 + minuto * 0.5
angulo_minuto = minuto * 6
angulo_segundo = segundo * 6

ponteiro_hora.setheading(angulo_hora)
ponteiro_minuto.setheading(angulo_minuto)
ponteiro_segundo.setheading(angulo_segundo)

screen.update()
screen.ontimer(atualizar_relogio, 1000)
```

- **hora_atual = datetime.datetime.now()**: Obtém a data e hora atuais.
- **hora, minuto, segundo**: Extrai a hora, minutos e segundos da hora_atual.
- **ângulos dos ponteiros**:
  - **angulo_hora**: Calcula a posição do ponteiro das horas, considerando a hora e os minutos.

- o **angulo_minuto**: Calcula a posição do ponteiro dos minutos.
- o **angulo_segundo**: Calcula a posição do ponteiro dos segundos.
- **ponteiro_hora.setheading(angulo_hora)**: Define a direção do ponteiro das horas.
- **ponteiro_minuto.setheading(angulo_minuto)**: Define a direção do ponteiro dos minutos.
- **ponteiro_segundo.setheading(angulo_segundo)**: Define a direção do ponteiro dos segundos.
- **screen.update()**: Atualiza a tela para refletir as novas posições dos ponteiros.
- **screen.ontimer(atualizar_relogio, 1000)**: Define um temporizador para chamar a função atualizar_relogio a cada segundo (1000 ms).

6. Instanciação do Turtle e criação do relógio

python

Copiar código

```
relogio = turtle.Turtle()
```

relogio.hideturtle()

relogio.speed(0)

desenhar_circulo()

- **relogio = turtle.Turtle()**: Cria um Turtle que será usado para desenhar o círculo do relógio.

- **relogio.hideturtle()**: Esconde o Turtle para que ele não apareça na tela.

- **relogio.speed(0)**: Define a velocidade do Turtle para a máxima possível.

- **desenhar_circulo()**: Chama a função para desenhar o círculo do relógio.

7. Criação dos ponteiros

python

Copiar código

ponteiro_hora = criar_ponteiro(10, 1)

ponteiro_minuto = criar_ponteiro(14, 0.6)

ponteiro_segundo = criar_ponteiro(18, 0.2)

ponteiro_segundo.color("red")

- **ponteiro_hora**: Cria o ponteiro das horas com tamanho 10 e largura 1.

- **ponteiro_minuto**: Cria o ponteiro dos minutos com tamanho 14 e largura 0.6.

- **ponteiro_segundo**: Cria o ponteiro dos segundos com tamanho 18 e largura 0.2.

- **ponteiro_segundo.color("red")**: Muda a cor do ponteiro dos segundos para vermelho, diferenciando-o dos outros.

8. Atualização contínua do relógio

atualizar_relogio()

- **atualizar_relogio()**: Inicia a primeira atualização do relógio, e a função continua sendo chamada a cada segundo para manter o relógio em tempo real.

9. Manter a janela aberta

turtle.done()

- **turtle.done()**: Mantém a janela aberta, para que o relógio continue sendo exibido. Sem isso, a janela fecharia automaticamente após a execução do código.

Resultado:

O código cria um relógio analógico que atualiza os ponteiros de horas, minutos e segundos em tempo real. Os ponteiros se movem de acordo com a hora atual, proporcionando uma representação gráfica de um relógio analógico.

5.2 Figura de Lissajous

A curva de Lissajous é uma curva gerada por um sistema de equações paramétricas que descrevem o movimento harmônico em duas direções ortogonais. Vamos implementar um código em Python que gere uma curva de Lissajous que resulte em uma elipse, atendendo às condições fornecidas: δ=π2\delta = \frac{\pi}{2}δ=2π, aaa ímpar, bbb par, e |a−b|=1|a - b| = 1|a−b|=1.

Aqui está o código em Python:

```python
import numpy as np
import matplotlib.pyplot as plt


# Parâmetros da curva podem ser alterados para
mudar o formato da curva.
a = 3  # Ímpar
b = 2  # Par
delta = np.pi / 2  # Desfase de π/2


# Parâmetro de tempo t
t = np.linspace(0, 2 * np.pi, 1000)
```

```python
# Equações paramétricas da Curva de Lissajous
x = np.sin(a * t + delta)
y = np.sin(b * t)

# Configurações do gráfico
plt.figure(figsize=(6, 6))
plt.plot(x, y, label=f'a={a}, b={b}, δ=π/2')
plt.title('Curva de Lissajous (Elipse)')
plt.xlabel('x = sin(a*t + δ)')
plt.ylabel('y = sin(b*t)')
plt.axhline(0, color='black',linewidth=0.5)
plt.axvline(0, color='black',linewidth=0.5)
plt.grid(True)
plt.legend()
plt.axis('equal')

# Exibe o gráfico
plt.show()
```

Explicação do Código:

1. **Importação de bibliotecas**:

- numpy: Usado para trabalhar com arrays e funções matemáticas.
- matplotlib.pyplot: Usado para criar gráficos.

2. **Parâmetros da curva**:
   - a = 3: Valor ímpar.
   - b = 2: Valor par.
   - delta = np.pi / 2: Desfase de $\pi2\frac{\pi}{2}2\pi$.

3. **Parâmetro de tempo**:
   - t = np.linspace(0, 2 * np.pi, 1000): Gera 1000 valores de t uniformemente espaçados no intervalo de 0 a $2\pi2\pi2\pi$.

4. **Equações paramétricas**:
   - x = np.sin(a * t + delta): Equação para a componente x.
   - y = np.sin(b * t): Equação para a componente y.

5. **Configurações do gráfico**:
   - plt.figure(figsize=(6, 6)): Define o tamanho da figura.

- plt.plot(x, y, label=f'a={a}, b={b}, δ=π/2'): Plota a curva de Lissajous com rótulo.

- plt.title('Curva de Lissajous (Elipse)'): Define o título do gráfico.

- plt.xlabel('x = sin(a*t + δ)') e plt.ylabel('y = sin(b*t)'): Definem os rótulos dos eixos x e y.

- plt.axhline(0, color='black',linewidth=0.5) e plt.axvline(0, color='black',linewidth=0.5): Desenham as linhas dos eixos x e y.

- plt.grid(True): Adiciona uma grade ao gráfico.

- plt.legend(): Exibe a legenda.

- plt.axis('equal'): Define a escala dos eixos como igual.

6. **Exibe o gráfico**:

- plt.show(): Mostra o gráfico da curva de Lissajous.

Resultado:

O código gera uma elipse como resultado da curva de Lissajous com os parâmetros especificados. Essa curva é desenhada na tela usando a biblioteca matplotlib. Veja a figura a seguir:

Impotações de bibliotecas:

```
import numpy as np
import matplotlib.pyplot as plt
```

Parâmetros da curva:

```
# Parâmetros da curva
a = 3  # Ímpar
b = 2  # Par
delta = np.pi / 2  # Desfase de π/2

# Parâmetro de tempo t
t = np.linspace(0, 2 * np.pi, 1000)

# Equações paramétricas da Curva de Lissajous
x = np.sin(a * t + delta)
y = np.sin(b * t)

# Configurações do gráfico
plt.figure(figsize=(6, 6))
plt.plot(x, y, label=f'a={a}, b={b}, δ=π/2')
plt.title('Curva de Lissajous (Elipse)')
plt.xlabel('x = sin(a*t + δ)')
plt.ylabel('y = sin(b*t)')
plt.axhline(0, color='black',linewidth=0.5)
plt.axvline(0, color='black',linewidth=0.5)
plt.grid(True)
plt.legend()
plt.axis('equal')

# Exibe o gráfico
plt.show()
```

Curva de Lissajous:

a = 3

b = 2

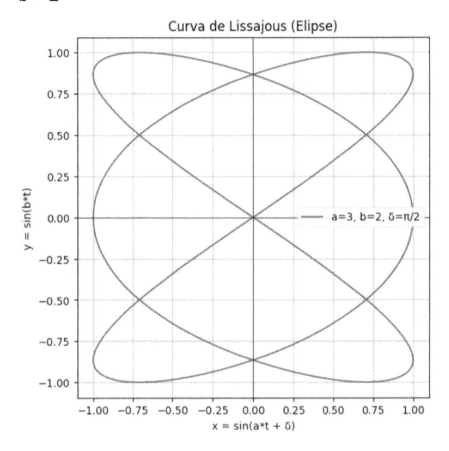

Mudando os parâmetros "a" e "b", você pode alterar o formato da elipse:

a = 5

b = 6

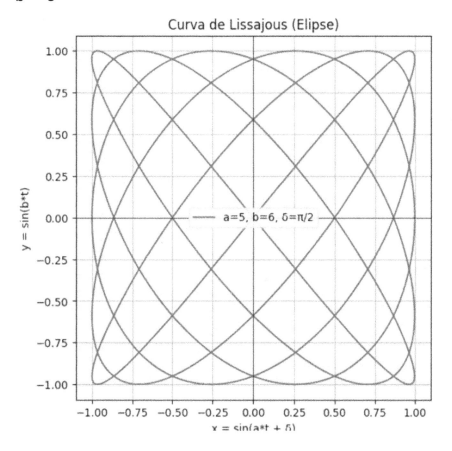

Curva de Lissajous (Elipse)

Curva de Lissajous:

a = 11

b = 12

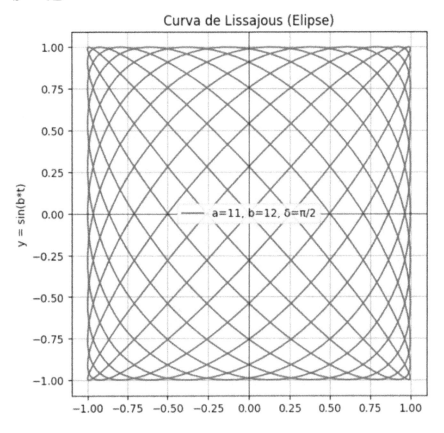

5.3 Cálculo da perda de energia em C.A.

A corrente alternada (CA) é um tipo de corrente elétrica que alterna seu fluxo em duas direções opostas. Inicialmente, ela flui em uma direção, aumentando até alcançar uma força máxima. Em seguida, desacelera até parar, invertendo sua direção e atingindo outra força máxima no sentido oposto, momento em que desacelera novamente, repetindo o ciclo.

A energia elétrica é distribuída em forma de corrente alternada porque a tensão CA pode ser facilmente aumentada ou diminuída por meio de transformadores. Essa característica permite que a energia seja transmitida de maneira eficiente através de linhas de alta tensão, minimizando as perdas de energia como calor, devido à resistência dos fios. A transmissão em alta tensão é crucial para a eficiência, pois reduz as perdas de energia, que são proporcionais ao quadrado da corrente (I) multiplicado pela resistência (R) do fio, conforme descrito pela fórmula:

$P_{perda} = I^2 R$

Isso implica que, ao transmitir uma potência fixa, se a corrente for reduzida pela metade (o que equivale a dobrar a voltagem), a perda de potência devido à resistência será reduzida a um quarto.

A potência transmitida é dada pelo produto da corrente e da tensão (supondo que não haja diferença de fase entre elas). Portanto, transmitir energia em uma voltagem mais alta requer menos corrente, o que diminui as perdas em comparação com a transmissão na mesma potência, mas em uma voltagem mais baixa. Por essa razão, a energia elétrica é frequentemente transmitida em tensões na ordem de centenas de quilovolts nas linhas de alta tensão.

Essas tensões são então reduzidas para dezenas de quilovolts para distribuição em linhas de nível inferior e, finalmente, convertidas para tensões seguras de 110 V a 240 V para uso doméstico.

Código para cálculo da perda de energia elétrica:

Aqui está um código em Python que calcula a perda de energia elétrica PperdaP_{\text{perda}}Pperda em função da tensão VVV, corrente III, e resistência RRR de um fio, utilizando a fórmula Pperda=I2×RP_{\text{perda}} = I^2 \times RPperda =I2×R.

Código:

def calcular_perda_energia(tensao, resistencia, potencia):

""""

Calcula a perda de energia elétrica em um fio.

Parâmetros:

tensao (V)   - Tensão em volts.

resistencia (R) - Resistência do fio em ohms.

potencia (P)   - Potência transmitida em watts.

Retorna:

Perda de energia (P_perda) em watts.

""""

```python
    # Corrente (I) calculada a partir da potência e
tensão: P = V * I => I = P / V
    corrente = potencia / tensao

    # Calcula a perda de energia: P_perda = I^2 * R
    perda_energia = corrente ** 2 * resistencia

    return perda_energia

# Exemplo de uso
tensao = 230  # Volts
resistencia = 0.5  # Ohms
potencia = 5000  # Watts

perda_energia = calcular_perda_energia(tensao,
resistencia, potencia)
print(f"A perda de energia no fio é de
{perda_energia:.2f} watts.")
```

Explicação do Código:

   1. **Função calcular_perda_energia:**

- o Recebe três parâmetros:
  - tensao: A tensão elétrica em volts ($V$$V$$V$).
  - resistencia: A resistência do fio em ohms ($R$$R$$R$).
  - potencia: A potência transmitida em watts ($P$$P$$P$).
- o Calcula a corrente elétrica $I$$I$$I$ usando a fórmula $I=\frac{P}{V}$$I = \frac{P}{V}$$I=\frac{P}{V}$.
- o Calcula a perda de energia $P_{perda}$$P_{\text{perda}}$$P_{perda}$ utilizando a fórmula $P_{perda}=I^2 \times R$$P_{\text{perda}} = I^2 \times R$$P_{perda}=I^2 \times R$.
- o Retorna o valor da perda de energia em watts.

2. **Exemplo de Uso**:
   - o Define valores de tensão, resistência e potência.
   - o Chama a função calcular_perda_energia com esses valores.
   - o Exibe a perda de energia calculada.

Resultado:

O código calcula e imprime a perda de energia no fio com base nos valores fornecidos de tensão, resistência e potência. Por exemplo, para uma tensão de 230 V, resistência de 0,5 ohms, e potência de 5000 W, ele exibirá a perda de energia correspondente.

```python
def calcular_perda_energia(tensao, resistencia, potencia):
    """
    Calcula a perda de energia elétrica em um fio.

    Parâmetros:
    tensao (V)       - Tensão em volts.
    resistencia (R)  - Resistência do fio em ohms.
    potencia (P)     - Potência transmitida em watts.

    Retorna:
    Perda de energia (P_perda) em watts.
    """
    # Corrente (I) calculada a partir da potência e tensão: P = V * I => I = P / V
    corrente = potencia / tensao

    # Calcula a perda de energia: P_perda = I^2 * R
    perda_energia = corrente ** 2 * resistencia

    return perda_energia

# Exemplo de uso
tensao = 230  # Volts
resistencia = 0.5  # Ohms
potencia = 5000  # Watts

perda_energia = calcular_perda_energia(tensao, resistencia, potencia)
print(f"A perda de energia no fio é de {perda_energia:.2f} watts.")
```

A perda de energia no fio é de 236.29 watts.

5.4 Gráfico de Gantt

O diagrama de Gantt é um gráfico utilizado para ilustrar o progresso das diversas etapas de um projeto. Nele, os períodos que representam o início e o término de cada fase são exibidos como barras coloridas ao longo do eixo horizontal do gráfico.

Desenvolvido em 1917 pelo engenheiro mecânico Henry Gantt, este gráfico tornou-se uma ferramenta essencial no controle da produção. Através dele, é possível visualizar as tarefas atribuídas a cada membro de uma equipe, bem como o tempo dedicado à sua realização. Dessa forma, pode-se analisar o desempenho de cada integrante do grupo, desde que estejam vinculados a uma tarefa como um recurso necessário para sua execução.

Além disso, essa forma de representação gráfica das atividades de um projeto permite avaliar os custos associados, resultantes do consumo de recursos necessários para a conclusão de cada tarefa. O diagrama de Gantt possibilita balizar o desempenho do projeto ao comparar o tempo decorrido com o grau atual de conclusão das tarefas em relação ao que foi planejado. Esse método de monitoramento permite tirar conclusões sobre o desempenho do projeto em termos de custo e prazo. Uma das técnicas mais comuns utilizadas para esse tipo de avaliação é o EVM (Earned Value Management).

A criação de um Gráfico de Gantt em Python, simulando diferentes etapas de um projeto com avaliação de custos, recursos necessários e desempenho utilizando o efeito EVM (Earned Value Management), pode ser feita utilizando as bibliotecas matplotlib e plotly.

Primeiro, vou gerar um Gráfico de Gantt simples utilizando matplotlib, e depois mostro como aplicar o conceito de EVM.

Passo 1: Instalação das bibliotecas necessárias

Se ainda não tiver as bibliotecas instaladas, execute o seguinte comando:

pip install matplotlib plotly

Passo 2: Código para gerar o Gráfico de Gantt

```python
import matplotlib.pyplot as plt
import pandas as pd
import matplotlib.dates as mdates
from datetime import datetime, timedelta


# Dados do projeto
dados = {
    'Tarefa': ['Planejamento', 'Design', 'Desenvolvimento', 'Testes', 'Entrega'],
    'Início': ['2024-08-01', '2024-08-05', '2024-08-10', '2024-08-20', '2024-08-25'],
    'Fim': ['2024-08-04', '2024-08-09', '2024-08-19', '2024-08-24', '2024-08-28'],
    'Progresso (%)': [100, 75, 50, 20, 0],
    'Custo Planejado ($)': [1000, 2000, 5000, 1500, 1000],
    'Custo Real ($)': [1000, 1800, 2500, 400, 0]
}


# Convertendo os dados para um DataFrame
```

```python
df = pd.DataFrame(dados)
df['Início'] = pd.to_datetime(df['Início'])
df['Fim'] = pd.to_datetime(df['Fim'])
df['Duração'] = df['Fim'] - df['Início']
# Configuração do gráfico
fig, ax = plt.subplots(figsize=(10, 6))

# Plotando as barras para cada tarefa
for i in range(len(df)):
    ax.barh(df['Tarefa'][i],          df['Duração'][i].days,
left=df['Início'][i], color='skyblue', edgecolor='black')
    ax.barh(df['Tarefa'][i],      df['Duração'][i].days      *
df['Progresso    (%)'][i]    /    100,    left=df['Início'][i],
color='green')

# Configurando eixos e labels
ax.set_xlabel('Data')
ax.set_ylabel('Tarefa')
ax.xaxis_date()
ax.xaxis.set_major_formatter(mdates.DateFormatte
r('%d-%m-%Y'))
```

plt.xticks(rotation=45)

plt.title('Gráfico de Gantt com Progresso das Tarefas')

plt.grid(True)

Exibindo o gráfico

plt.show()

```python
import matplotlib.dates as mdates
from datetime import datetime, timedelta

# Dados do projeto
dados = {
    'Tarefa': ['Planejamento', 'Design', 'Desenvolvimento', 'Testes', 'Entrega'],
    'Início': ['2024-08-01', '2024-08-05', '2024-08-10', '2024-08-20', '2024-08-25'],
    'Fim': ['2024-08-04', '2024-08-09', '2024-08-19', '2024-08-24', '2024-08-28'],
    'Progresso (%)': [100, 75, 50, 20, 0],
    'Custo Planejado ($)': [1000, 2000, 5000, 1500, 1000],
    'Custo Real ($)': [1000, 1800, 2500, 400, 0]
}

# Convertendo os dados para um DataFrame
df = pd.DataFrame(dados)
df['Início'] = pd.to_datetime(df['Início'])
df['Fim'] = pd.to_datetime(df['Fim'])
df['Duração'] = df['Fim'] - df['Início']

# Configuração do gráfico
fig, ax = plt.subplots(figsize=(10, 6))

# Plotando as barras para cada tarefa
for i in range(len(df)):
    ax.barh(df['Tarefa'][i], df['Duração'][i].days, left=df['Início'][i], color='skyblue', edgecolor='black')
    ax.barh(df['Tarefa'][i], df['Duração'][i].days * df['Progresso (%)'][i] / 100, left=df['Início'][i], color='green')

# Configurando eixos e labels
ax.set_xlabel('Data')
ax.set_ylabel('Tarefa')
ax.xaxis_date()
ax.xaxis.set_major_formatter(mdates.DateFormatter('%d-%m-%Y'))
plt.xticks(rotation=45)
plt.title('Gráfico de Gantt com Progresso das Tarefas')
plt.grid(True)

# Exibindo o gráfico
plt.show()
```

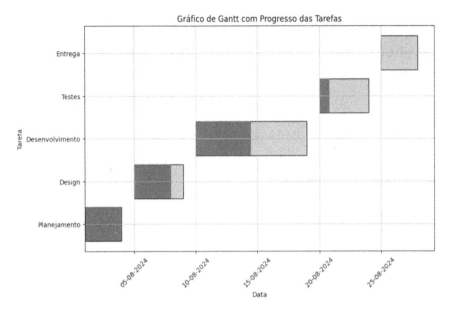

Gráfico de Gantt com Progresso das Tarefas

Explicação do Código:

1. **Dados do projeto**:

   o Simulamos um projeto com cinco tarefas: Planejamento, Design, Desenvolvimento, Testes, e Entrega.

   o Para cada tarefa, definimos a data de início, data de fim, progresso em porcentagem, custo planejado, e custo real até o momento.

2. **Plotando o Gráfico de Gantt**:

   o Utilizamos o matplotlib para criar o gráfico. As barras horizontais

125

representam as tarefas ao longo do tempo.

- ○ As barras em azul (skyblue) mostram a duração total da tarefa, enquanto as barras em verde mostram o progresso atual.

3. **Configuração dos eixos**:

- ○ O eixo x representa as datas, e o eixo y mostra as tarefas.

- ○ Usamos formatação de data para deixar as datas mais legíveis.

Conclusão

Chegamos ao fim desta jornada pelo mundo da programação com Python, explorando os potenciais infinitos que essa linguagem oferece. Ao longo deste livro, vimos como o Python não é apenas uma ferramenta poderosa, mas também uma linguagem acessível e flexível, ideal para jovens mentes que estão começando a se aventurar no universo da tecnologia.

O Python é mais do que apenas uma linguagem de programação; ele é um portal para o futuro. Seja na automação, na inteligência artificial, na análise de dados ou em qualquer outro campo em crescimento, o Python está no coração das inovações tecnológicas que moldarão o mundo em que vivemos. Por isso, aprender Python desde cedo, especialmente em um ambiente de "homeschooling", prepara os jovens não apenas para carreiras futuras, mas também para serem pensadores críticos e solucionadores de problemas em um mundo em constante evolução.

Para os jovens de 12 a 17 anos, a aprendizagem de Python abre portas para novas oportunidades e desenvolve habilidades que serão valiosas em qualquer caminho que escolherem seguir. O "homeschooling" oferece a flexibilidade necessária para que cada estudante aprenda no seu próprio ritmo, explore áreas de interesse específicas e desenvolva um entendimento profundo da lógica e da criatividade por trás da programação.

Espero que este livro tenha sido um começo útil e inspirador. Que ele incentive a curiosidade, a experimentação e o aprendizado contínuo, pois a programação não é apenas sobre código, mas sobre criar, inovar e construir um futuro melhor. O Python, com sua simplicidade e poder, é uma ferramenta que, nas mãos certas, pode transformar ideias em realidade.

O futuro pertence a quem se prepara para ele, e com Python, vocês estão bem equipados para enfrentar os desafios que virão. Continuem explorando, aprendendo e, acima de tudo, criando. O mundo digital é vasto e repleto de possibilidades — e vocês têm tudo o que precisam para explorá-lo com sucesso.

O próximo livro desta série, será sobre aplicações do Python na eletrônica. Em breve estará a sua disposição.

Boa sorte em sua jornada, e que o Python seja seu companheiro fiel nessa emocionante aventura pelo conhecimento!

www.ingramcontent.com/pod-product-compliance
Lightning Source LLC
Chambersburg PA
CBHW070835070326
40690CB00009B/1555